I0122847

... de Croix
des Petits Enfants

En vue de les disposer à une digne
et fréquente réception
des Sacrements de Pénitence et d'Eucharistie

Par un Ancien Missionnaire

IMPRIMERIE
C. MIGAULT & Cie
4 AVR 1913
BLOIS (Loir-et-Cher)

du *Propagateur des Trois « Ave Maria »*
à BLOIS (Loir-et-Cher)

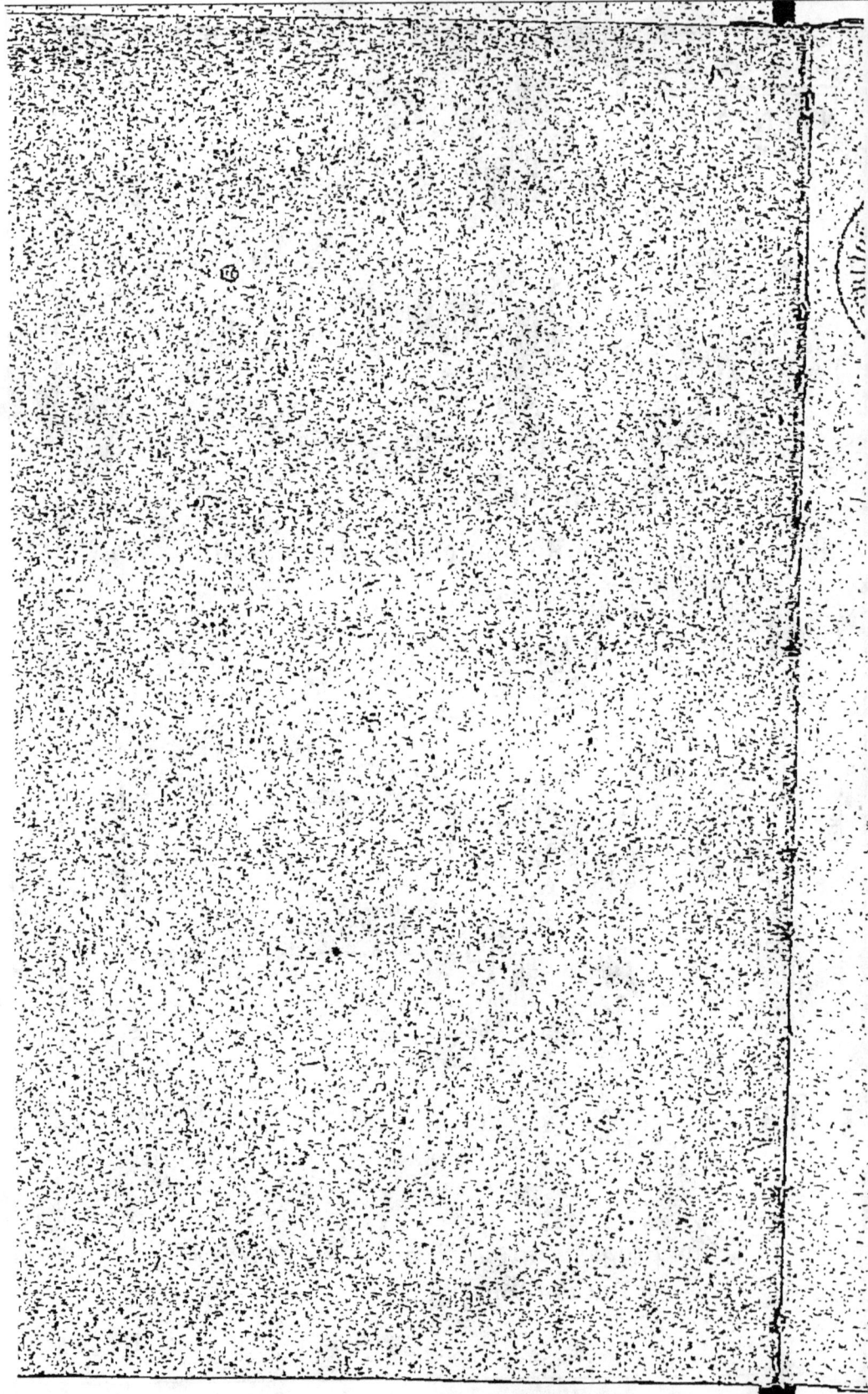

Chemin de Croix
des Petits Enfants

En vue de les disposer à une digne
et fréquente réception
des Sacrements de Pénitence et d'Eucharistie

Par un Ancien Missionnaire

Bureaux du *Propagateur des Trois « Ave Maria »*
à BLOIS (Loir-et-Cher)

PRÉFACE

Notre Saint-Père, Pie X, convie tous les enfants qui ont l'usage de la raison, à partir de sept ans, et même avant, s'il y a lieu, à s'approcher de la Table sainte et à continuer de le faire le plus souvent possible, pourvu que ces chers enfants soient en état de grâce et suffisamment préparés.

On ne saurait trop les disposer à entrer dans cette voie, car il importe que l'adorable Jésus prenne possession de ces jeunes cœurs, avant que le souffle pestilentiel du démon et des passions n'ait terni leur innocence.

Hélas ! c'est trop souvent le démon qui, dès l'âge de raison, prend, le premier, possession de ces petites âmes qu'il lâchera difficilement, et cela, le plus souvent, faute d'une éducation foncièrement chrétienne.

Il importe donc de prémunir le plus possible ces pauvres enfants, dès leur bas âge, et d'arracher au démon, ceux d'entre eux qui seraient déjà ses victimes.

Dans ce but, un des meilleurs moyens, qui sera en même temps une excellente préparation à leurs communions, est sans contredit le souvenir de la Passion de Notre-Seigneur, auquel il faut ajouter la dévotion envers la Très Sainte Vierge.

Or, pour des enfants en bas âge, rien ne vaut le pieux exercice du Chemin de la Croix, pour les faire penser aux souffrances de Notre-Seigneur, surtout quand cet exercice, comme celui que nous proposons, est spécialement fait pour eux.

De même, parmi toutes les dévotions envers la Très Sainte Vierge, celle qui est le plus à la portée des petits enfants et, en même temps, des plus efficaces pour leur préservation, c'est évidemment celle des Trois Ave Maria, à réciter, matin et soir, avec la très opportune invocation : « Marie, ma bonne Mère, préservez-moi du péché mortel pendant ce jour, — ou, si c'est le soir, — pendant cette nuit ».

Voilà pourquoi, dans ce Chemin de Croix spécial pour enfants, nous conseillons de réciter les Trois Ave Maria, après chaque station, à la Mère des douleurs, afin d'obtenir une grâce en rapport avec le sujet. C'est d'ailleurs une pratique très ancienne que celle de réciter les Trois Ave Maria en l'honneur des douleurs et des larmes de la Très Sainte Vierge (1).

Plusieurs objecteront peut-être que les enfants sont trop légers pour faire un Chemin de Croix si sérieux ; c'est une erreur qui a également cours pour les empêcher de communier à partir de sept ans ; c'est, au contraire, à cet âge et souvent, beaucoup plus tôt, que les enfants sont le mieux disposés et le plus touchés des souffrances du bon Jésus, pourvu toujours que l'on ait soin de les préparer et de les instruire. L'expérience est là pour l'attester.

En outre, pour les plus petits, nous supposons que cet exercice sera fait en commun et qu'un prêtre, un maître ou une maîtresse, ou même un enfant plus âgé lira les sujets des stations et récitera la première partie des prières. Oh ! quel bien les enfants retireraient de cet exercice, fait au moins une fois par semaine. Nous connaissons même des écoles libres où les enfants, après l'école du soir, vont d'eux-mêmes faire leur Chemin de Croix, et cela, presque tous les jours.

Habituons donc, dès leur plus jeune âge, les petits

---

(1) Dès le XIIIe siècle, nous la trouvons en usage, spécialement, dans l'Ordre des Servites, consacré à honorer et à rappeler les douleurs de la Très Sainte Vierge.

enfants à aimer les choses saintes, à compatir aux souffrances du bon Jésus, à prier la Très Sainte Vierge, et
l'on sera étonné des résultats obtenus.

Notre-Seigneur a annoncé à Sœur Gertrude-Marie,
d'Angers, qu'il y aurait des saints parmi les enfants,
c'est-à-dire des petites âmes privilégiées; l'exemple de la
petite Nellie (1), de la pieuse Germaine Hémery (2)
qui, dès sa petite enfance, aimait à faire le Chemin de la
Croix, et de bien d'autres enfants privilégiés, nous
prouve qu'il y en a déjà, et qu'il y en aura d'autant plus
qu'on leur fera aimer, de bonne heure, Notre-Seigneur et
sa très sainte Mère.

Ce Chemin de Croix, spécial pour enfants, nous a été
inspiré par un religieux Capucin, ancien pèlerin de
Jérusalem, qui nous a aussi fourni jadis les éléments
du Nouveau Chemin de Croix en union avec Marie,
sous forme de confession générale, dont le succès a été
si considérable (3).

C'est donc à ce vénérable religieux que revient tout le
mérite de ce Chemin de Croix, auquel nous avons été
heureux de collaborer, dans l'espoir qu'il pourra faire
un peu de bien à ces chers enfants que nous aimons tant.

P. JEAN-BAPTISTE,
Directeur du Propagateur des Trois « Ave Maria »,
à Blois (Loir-et-Cher).

Conditions de vente de ce Chemin de Croix :
L'unité, franco : 0 fr. 10.
La douzaine, franco : 1 fr.
Le cent, franco : 7 fr. 50 (étranger : 8 fr.).

---

(1) Voir sa biographie, Maison du Bon-Pasteur,
228, boulevard Pereire à Paris.

(2) Sa biographie se trouve à nos Bureaux. Voir les
annonces de la couverture.

(3) A nos Bureaux, franco : 0 fr. 15 ; la douz. : 1 fr. 50 ;
le cent : 10 fr.

PREMIÈRE STATION

Jésus est condamné à mort,
au milieu des blasphèmes de la foule

Hélas ! Jésus, l'adorable Jésus est toujours blasphémé !... Toujours on cherche à le faire mourir !...

Tous les jours n'entend-on pas, autour de soi, des blasphèmes, des impiétés contre Dieu et la religion, des jurements horribles contre le saint Nom de Dieu ? Quelle peine pour les enfants qui aiment Dieu d'entendre ainsi outrager le meilleur des Pères ! Par là, en effet, les mauvais chrétiens imitent les méchants Juifs qui demandaient avec imprécations la mort de Notre-Seigneur.

Avec les bons petits enfants innocents, demandons pardon pour un si grand crime, et bénissons le Nom trois fois saint du Seigneur.

Mais, hélas ! combien de pauvres enfants mêmes, habitués à entendre à la maison paternelle, à l'école laïque ou dans les rues, des jurons et des outrages contre Dieu, les répètent et prennent eux-mêmes ces mauvaises habitudes qu'ils garderont, pour la plupart, jusqu'au jour où ils paraîtront devant le tribunal de Celui qu'ils auront blasphémé toute leur vie !...

Qui ne prendrait en pitié ces pauvres enfants et ne demanderait pour eux pardon et miséricorde ?...

Récitons, à leur intention, les Trois *Ave Maria* à la Mère des douleurs, et ajoutons le *Requiem æternam* pour ceux d'entre eux qui, victimes de l'affreuse habitude du blasphème, sont morts après en avoir fait une bonne confession.

Trois *Ave Maria* (1).

℣ *Requiem æternam dona eis, Domine* ;

℞ *Et lux perpetua luceat eis.*

_____

(1) Les Trois *Ave Maria* mentionnés ici sont facultatifs, comme toutes autres prières vocales; tout en étant vivement recommandés, en latin ou en français.

IIe STATION

Jésus est chargé de sa Croix

Tous nous devons porter notre croix, à la suite de notre divin Sauveur, car nous sommes tous plus ou moins pécheurs, tandis que l'aimable Jésus était innocent.

Les enfants eux-mêmes, dès qu'ils commencent à avoir l'usage de la raison ne sont pas exceptés, et généralement, quand ils sont bien élevés par des parents ou des maîtres chrétiens, ils ne sont pas les moins généreux à faire de petits et même de grands sacrifices, soit en résistant à leurs mauvaises inclinations, soit en pratiquant des actes positifs de vertu, tels que ceux d'obéissance, de patience, de piété, de charité, d'humilité, de mortification, etc.

Mais, hélas ! c'est le petit nombre, car la plupart, habitués à ne rien se refuser, se laissent aller, de bonne heure, à la paresse, à la gourmandise, à la désobéissance, à l'impureté, au mensonge, à la vanité et à toute sorte de vilains défauts.

Quelle peine ces derniers causent à Notre-Seigneur ! Toutes ces fautes reproduites chaque jour par des millions d'enfants ajoutent un nouveau poids à la Croix déjà si lourde de notre divin Sauveur.....

Pardon, ô Jésus ! mille fois pardon, pour tant de petits et déjà si grands pécheurs !... Et vous, ô Marie, Mère des douleurs, daignez les convertir.

Trois *Ave Maria*.
℣ *Requiem æternam*, etc.

IIIᵉ STATION

Jésus tombe à terre pour la première fois

Par cette première chute, l'adorable Jésus pensa à expier et à réparer le premier péché mortel commis par la généralité des enfants des hommes.

Combien cette première faute grave est sensible au Cœur de notre divin Sauveur ! Par elle, en effet, l'homme se sépare violemment de son Dieu ; il se révolte contre Lui, en poussant comme Lucifer, ce cri de rébellion : « Je n'obéirai pas, je ne servirai pas... »

Or, c'est le plus souvent, dans l'enfance, à partir de l'âge de raison, que se commet cette première faute qui empoisonnera le reste de la vie.

Sans doute, il y a quelques bons et pieux enfants qui échappent au naufrage, mais qu'ils sont rares ! Combien, même parmi ces derniers persévéreront ainsi dans la grâce du bon Dieu ?

Que voit-on, en effet, généralement ? Hélas ! la plupart des enfants, de nos jours surtout, n'ont pas plutôt l'usage de la raison, qu'ils se détournent de Dieu ; beaucoup ne le prient jamais ou presque jamais ; ils manquent habituellement la sainte messe, le dimanche, jusqu'au jour déjà trop tardif où ils songent à faire leur première Communion. Une fois ce grand acte accompli comme une formalité, ils reprennent sans tarder leurs anciennes et mauvaises habitudes... Pauvres enfants ! Prions la Mère des douleurs en faveur de ces malheureuses et précoces victimes du péché.

Trois *Ave Maria.*

℣ *Requiem æternam...*

IVe STATION

Jésus rencontre sa Très Sainte Mère

Qui pourra dire l'amour de Jésus pour Marie, sa chère Mère, et de Marie pour Jésus, son tendre Fils ? Et par suite, quelle douleur pour chacun d'eux de se rencontrer dans une circonstance si douloureuse ! C'est le péché, ce sont donc tous les pécheurs, petits et grands, qui ont réduit Jésus dans un si triste état et qui ont percé le Cœur si aimant de Marie.

Heureux les enfants, qui dès l'âge de raison, et même avant se sont mis sous la protection de la Très Sainte Vierge, leur bonne Mère du Ciel, en récitant, chaque jour, leurs Trois *Je vous salue, Marie*, à l'exemple de la séraphique Gemma Galgani, enfant, pour demander à cette bonne Mère la grâce de ne jamais souiller la robe de leur innocence baptismale par un seul péché mortel ! Ceux-là consolent le Cœur de la Très Sainte Vierge en même temps que celui de son divin Fils.

Mais combien d'autres enfants, et ils sont nombreux, qui ne pensent pas à prier la Bienheureuse Vierge, qui ne l'aiment pas, parce qu'ils ne la connaissent même pas. Aussi, au lieu d'être les enfants de cette bonne Mère, deviennent-ils bientôt, par leurs mauvaises habitudes, les enfants et les esclaves du démon.

Ah ! prions la Mère des douleurs pour les pauvres enfants qui ne l'honorent pas, afin qu'eux aussi aiment et prient cette bonne Mère pour aller au Ciel.

Trois *Ave Maria*.

℣ *Requiem œternam...*

Vᵉ STATION

Simon le Cyrénéen aide Jésus à porter sa Croix

Tous nous devons aider Jésus à porter sa Croix, si nous l'aimons véritablement. Porter la Croix avec Jésus, c'est souffrir avec patience en union avec les douleurs de sa Passion et par amour pour Lui, toutes les peines qui nous viennent d'un côté ou d'un autre, par la permission de Dieu. Or la vie est remplie de ces petites et grandes épreuves ; c'est pour cela, d'après l'Apôtre saint Paul, que « la patience nous est nécessaire, afin d'accomplir la volonté de Dieu, et d'obtenir ainsi la récompense promise ».

C'est ce que font avec édification un certain nombre de bons petits enfants qui supportent avec patience et douceur les réprimandes de leurs parents, maîtres ou maîtresses, les défauts de leurs frères et sœurs ou de leurs camarades, qui, dans l'adversité, la maladie ou les infirmités, se résignent à la volonté de Dieu et bénissent son saint Nom en tout et partout. Heureux enfants qui, dans leur malheur et pour leur bonheur, aident Jésus à porter sa Croix comme Simon le Cyrénéen !

Combien d'autres, au contraire, qui sont toujours impatients, toujours en colère contre les uns et les autres, souvent même contre leurs parents ! Hélas ! il en est déjà qui, dans leur colère, vont jusqu'à insulter le bon Dieu par d'horribles jurons !...

Prions la Mère des douleurs de convertir ces pauvres enfants colères et de leur obtenir la vertu de patience.

Trois *Ave Maria*.
℣ *Requiem æternam...*

VIe STATION

Une femme pieuse essuie la Face de Jésus

Au temps de la Passion, la Face adorable de Notre-Seigneur était couverte de crachats, de poussière et de sang. De nos jours encore, ce divin visage est couvert d'opprobres par les impiétés et les blasphèmes des mauvais chrétiens.

D'une manière générale, tous ceux qui commettent des péchés mortels souillent l'image de Dieu en eux, cette image imprimée dans l'âme de chacun par le baptême.

Ah ! sans plus tarder, à l'exemple de sainte Véronique, efforçons-nous de consoler notre aimable Sauveur, en réparant tant d'impiétés et de péchés mortels qui se commettent contre Lui. Dans ce but, il faut aimer beaucoup Notre-Seigneur, lui demander pardon et miséricorde, avoir une tendre dévotion à son divin Cœur et faire, si on le peut, la sainte communion, le premier vendredi de chaque mois, en esprit de réparation et avec un grand amour. C'est ce que font de bons petits enfants, dès qu'ils sont en âge de communier.

Malheureusement, beaucoup d'enfants font précisément le contraire et sont les premiers à souiller la Face de Notre-Seigneur et à contrister son Cœur par leur impiété précoce, leurs blasphèmes, leurs habitudes honteuses et même par leurs confessions et communions sacrilèges.

Ah ! supplions la Mère des douleurs de toucher leur cœur et de les ramener repentants aux pieds de son divin Fils.

Trois *Ave Maria*.

℣ *Requiem æternam...*

VIIᵉ STATION

Jésus tombe pour la seconde fois

L'adorable Jésus expie, par là, tant de chutes et de rechutes survenues après le premier péché mortel.

Ce divin Sauveur auquel tout était présent prévoyait les rechutes de tant de malheureux enfants qui se laissent tomber dans les mêmes fautes graves, sans se corriger, parce qu'ils ne s'en confessent pas par une fausse honte, ou s'en confessent mal, faute de contrition et de bon propos.

Ces rechutes proviennent aussi de ce qu'ils ne prient pas du tout ou pas assez la Très Sainte Vierge, ou encore, de ce qu'ils n'évitent pas les mauvaises compagnies qui les ont fait tomber une première fois dans le péché mortel.

Sans doute, il est des enfants qui, après avoir succombé une première fois à la tentation, se relèvent courageusement.

Mais, hélas ! combien d'autres, affaiblis par des rechutes successives, n'essaient même plus de se corriger pour vivre dans la grâce de Dieu ! Ah ! plaignons-les et surtout prions pour eux la Mère des douleurs, car s'ils ne se convertissent, ils tomberont en enfer et ce sera pour l'éternité...

Trois *Ave Maria.*

℣ *Requiem æternam...*

VIIIᵉ STATION

Jésus console les Filles de Jérusalem

Sur le chemin du Calvaire, c'est à peine si Jésus rencontre quelques bonnes âmes pour le consoler.

Mais comment veut-il être consolé ? Entendez ce qu'il dit aux femmes de Jérusalem : « Ne pleurez pas sur moi, mais pleurez plutôt sur vous-mêmes et sur vos enfants, car si le bois vert est ainsi traité, que fera-t-on du bois sec ? »

Par ces paroles, l'adorable Jésus recommande surtout de pleurer nos péchés qui sont la cause de ses souffrances, d'en faire une sincère pénitence jusqu'à la fin de nos jours et de mener désormais une vie pure et sans tache.

Voilà comment, chers enfants, vous deviendrez un « bois vert » qui produit des fruits de vertu ; sinon, si vous êtes pécheurs et si vous ne vous convertissez, vous serez comme le « bois sec » que l'on jette au feu, et, vous le savez, le feu de l'enfer ne s'éteindra jamais.

Pleurez donc sur les souffrances du bon Jésus, c'est très bien, mais pleurez surtout vos péchés, et prenez la résolution de consoler désormais notre divin Sauveur par une vie vraiment sainte.

Pleurez aussi sur les mauvais petits enfants qui ne cessent de l'abreuver d'amertume et priez la Mère des douleurs de les toucher et de les convertir.

Trois *Ave Maria.*

℣ *Requiem æternam...*

IXᵉ STATION

Jésus tombe pour la troisième fois

Cette troisième chute de Notre-Seigneur est la dernière qu'il ait faite avant d'arriver sur le Calvaire, pour y être crucifié.

Par cette dernière chute, notre divin Sauveur expiait cruellement les dernières fautes commises, spécialement celle de l'impénitence finale qui est la faute suprême à laquelle il n'y a pas de pardon.

Heureux les enfants qui, après quelques fautes graves échappées à leur fragilité, n'en commettent plus une seule, soit avant, soit après leur première Communion. Pour eux, le dernier péché mortel commis et confessé est bien le dernier de leur vie ; ils ont eu trop de peine d'avoir tant fait souffrir notre bon Sauveur !...

Mais, hélas ! combien d'autres, après avoir commis pendant toute leur vie, péchés sur péchés, sont enfin morts dans l'impénitence finale. Comme ils sont à plaindre, car il n'y a plus de remède à leur sort épouvantable !...

Veillez donc tous pour ne plus commettre un seul péché mortel, car vous ne savez si un nouveau et dernier péché grave ne compromettrait pas votre salut... Dans ce but, ayez bien soin de vous recommander instamment à la Très Sainte Vierge. Demandez-lui sans tarder, pour chacun de vous, la grâce de la persévérance finale.

Trois *Ave Maria.*

℣ *Requiem æternam...*

Xᵉ STATION

Jésus est dépouillé de ses vêtements

Ce nouveau supplice fut très sensible au Cœur de Jésus, à cause de sa modestie. Qu'y a-t-il de plus humiliant et de plus pénible pour quelqu'un que de ne pas lui laisser même un lambeau pour vêtement, et si ce personnage est un prince ou un roi par naissance, combien cette dignité aggrave sa peine et l'outrage ! Mais si l'offensé est un Homme-Dieu, le Créateur du ciel et de la terre, le Maître et le Seigneur de toutes choses, alors l'insulte qui lui est faite devient un crime de lèse-majesté divine.

Voilà cependant quel fut le traitement infligé à notre divin Sauveur !... Il a voulu expier par là tant d'immodesties volontaires qui se commettent même par de tout jeunes enfants, ainsi que tant de nudités scandaleuses, que des parents, esclaves d'une mode païenne, imposent à leurs petites filles surtout.

Certes, il y a encore de bons petits enfants qui se sont conservés intacts de toute souillure contre la pureté et que leurs parents habillent d'une façon modeste et convenable.

Mais, hélas ! combien d'autres, dès leur jeune âge, sont déjà victimes du vice et scandalisent les autres par leurs mauvais propos et leurs honteux exemples !

Imitons les premiers et prions la Mère des douleurs pour la conversion des autres.

Trois *Ave Maria.*

℣ *Requiem œternam...*

XIe STATION

Les bourreaux crucifient Jésus

Qu'il fut cruel le crucifiement de Jésus ! Imaginez-vous, si vous le pouvez, ce qu'il dût être... Avoir les mains et les pieds percés de gros clous, à grands coups de marteau ! Quels déchirements !... Quelles tortures !..

On raconte qu'un père dénaturé, perdu par la boisson, voulut crucifier son petit garçon de huit à dix ans, en le clouant au mur par les mains et par les pieds.. Déjà, il avait percé et fixé une main, lorsque, par ses cris effrayants, l'enfant attira les voisins qui, heureusement, le délivrèrent avant que son épouvantable crucifiement ne fût achevé.

Vous tremblez de terreur, chers enfants, et vous avez en horreur la conduite de ce père dénaturé ;... eh bien ! il y a des enfants qui sont encore plus cruels que ce père criminel, ce sont ces malheureux enfants qui, invités à la Table Sainte par le meilleur des pères, profitent de cette occasion pour crucifier l'aimable Jésus dans leur cœur, en apportant à la communion une âme encore souillée par le péché mortel.

Quel malheur et quel crime pour un enfant, de devenir ainsi le bourreau de Notre-Seigneur !

Ah ! demandons pour lui pardon à ce divin Sauveur et prions la Mère des douleurs de convertir ce malheureux.

Trois *Ave Maria.*

℣ *Requiem æternam...*

XIIᵉ STATION

Jésus meurt sur la Croix

Voilà donc accompli le plus grand crime qui puisse se commettre ici-bas, un déicide, c'est-à-dire, la mort d'un Dieu, et cela, après lui avoir infligé les plus cruels tourments et le supplice infamant de la croix !... Quel forfait ! Aussi, voyez comme le ciel se couvre de ténèbres, comme la terre tremble, comme les rochers se fendent !

Quelle condamnation, quels tourments, attendent en enfer tous ceux qui ont contribué à faire mourir le meilleur des pères ? Hélas ! hélas ! les coupables, ce sont tous les petits et grands bourreaux qui ont péché mortellement, qui surtout ont communié indignement !...

Et cependant, que dit Jésus sur la croix ? Écoutez, enfants, recueillez-vous, c'est de vous qu'il parle : « Mon Père, s'écrie-t-il, pardonnez-leur, car ils ne savent ce qu'ils font... » O bonté infinie de Jésus ! Il veut bien pardonner à ses bourreaux, pourvu que ceux-ci, comme le bon larron, confessent leurs fautes, se repentent et fassent pénitence !....

Ah ! demandons-lui, tous, pardon, promettons-lui de confesser tous nos péchés et de ne plus les commettre à l'avenir, et Jésus, tout miséricordieux, par les mérites de sa cruelle Passion, nous pardonnera.

Prions la Mère des douleurs de nous obtenir cette grâce.

Trois *Ave Maria.*
℣ *Requiem æternam...*

XIIIᵉ STATION

Jésus est déposé entre les bras de sa Sainte Mère

Pendant le Chemin de la Croix, surtout pendant le crucifiement de Jésus et au moment de sa mort, avez-vous pensé aux douleurs de sa sainte Mère ? Quelle nouvelle douleur n'a-t-elle pas éprouvée quand son divin Fils fut remis inanimé entre ses bras ?... Pour vous en faire une idée, imaginez quelle serait la douleur de votre mère, si des hommes cruels et barbares vous crucifiaient comme l'adorable Jésus, et si l'on vous rapportait mort sur les genoux de votre mère.....

Tel fut cependant le traitement que la Très Sainte Vierge souffrit par amour pour nous. Oh ! comme elle vous a aimés ! Comme elle a souffert pour vous !...

Et vous, comme vous devez l'aimer et éviter de lui faire de la peine ! Or, le moyen, pour cela, c'est de ne plus commettre de péchés, surtout de péchés graves, et puis, de recevoir, comme elle, non pas dans vos bras, mais dans votre cœur, dans un cœur bien purifié, l'adorable Jésus par la sainte communion, et cela, le plus souvent possible.

Mais, dans ce but, priez beaucoup cette divine Mère de vous aider à éviter le péché, spécialement en étant bien fidèles à vos Trois *Ave Maria* du matin et du soir, pour la préservation de tout péché mortel.

Dites-les, sans tarder, dans cette intention, à cette Mère des douleurs...

Trois *Ave Maria*.

℣ *Requiem æternam...*

XIVe STATION

Jésus est mis dans le tombeau

La Passion de Notre-Seigneur est terminée ; seule sa sainte Mère souffrira encore, car elle n'aura plus sous les yeux celui qui était la vie de sa vie, l'âme de son âme. Pour Lui, le voilà délivré de ses maux, son sépulcre sera comme un lieu de repos, en attendant le jour prochain du triomphe et de la résurrection.

Heureux Joseph d'Arimathie qui a pu lui préparer ce sépulcre et ensevelir son corps après l'avoir embaumé !...

Voilà, chers enfants, ce que Jésus attend de vous et mieux encore ; car, vous aussi, vous devez donner asile au Corps de Notre-Seigneur, un asile pur de toute souillure et embaumé de suaves parfums ; cet asile, ce doit être votre cœur, où le bon Jésus vous demande de prendre son repos par la sainte communion, pour vous enrichir de ses grâces et vous faire participer à sa résurrection glorieuse.

A cette fin, il ne doit pas vous suffire d'éviter le maudit péché, vous devez encore embaumer votre cœur par la pratique de toutes les vertus qui conviennent à votre âge : la modestie, la piété, l'obéissance, la douceur, la charité, etc.

Demandez à la Mère des douleurs de vous obtenir la grâce de pratiquer ces belles vertus.

Trois *Ave Maria.*

℣ *Requiem æternam...*

A la fin de l'exercice du Chemin de la Croix, on conseille de réciter cinq fois *Notre Père* et *Je vous salue, Marie* en l'honneur des cinq Plaies de Notre-Seigneur et aux intentions du Souverain Pontife.

Imprimatur :

✝ ALFRIDUS-JULIUS,

Epps Blesensis.

91

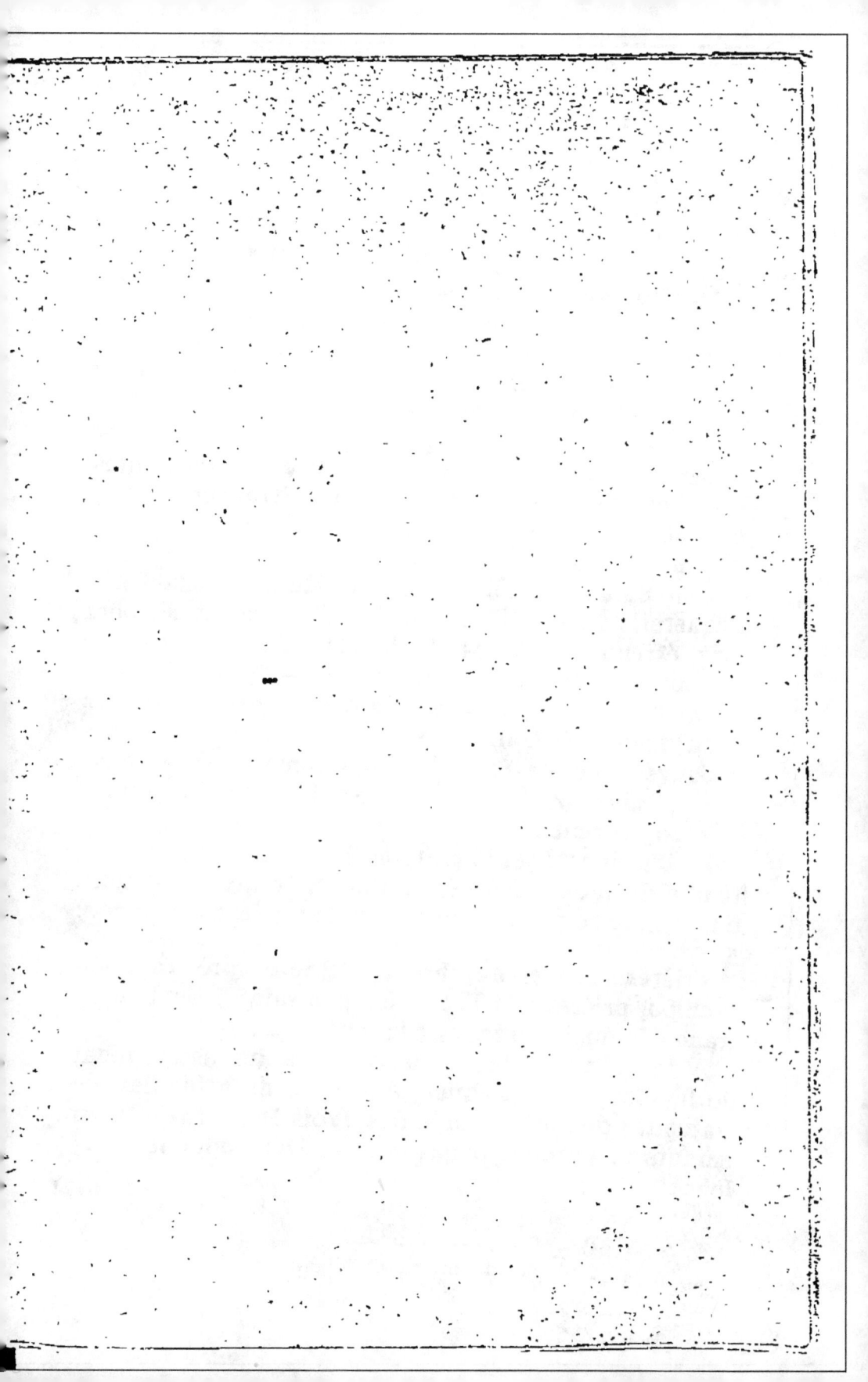

POUR ENFANTS

Aux Bureaux du *Propagateur des Trois «Ave Maria»*, 14, rue Pierre-de-Blois, à Blois (Loir-et-Cher), on trouve :

Le Petit Propagateur des Trois « Ave Maria », revue mensuelle, illustrée, spéciale pour enfants de sept à quatorze ans, exclusivement religieuse et morale, spécialement recommandée aux enfants des Écoles libres. Un abonnement, 0 fr. 60 par an. (Étranger : 1 fr.). Dix abonnements à la même adresse : 5 fr., pour l'étranger : 6 fr.

Une Enfant modèle, Germaine Hémery, « la Petite Pâquerette du Bon Dieu », *belle édition* cartonnée pour prix, étrennes : 0 fr. 75 ; la douz. : 6 fr. ; *la même* non cartonnée : 0 fr. 50 ; la douz. : 5 fr. — *Édition de propagande* : l'unité : 0 fr. 20 ; la douz. : 2 fr. ; le cent : 15 fr., franco. (Étranger : 18 fr.).

Souvenir de ma Première Communion, *avec engagement d'honneur*, feuille double, élégante, la douz. : 0 fr. 20 ; le cent : 1 fr.

Le Ciel ouvert par la pratique des Trois « Ave Maria », feuille de propagande (7e million), franco, la douz. : 0 fr. 15 ; le cent : 0 fr. 50 ; le mille : 4 fr. ; (étranger : 5 fr.).

Prières usuelles du chrétien (Prière après la Communion, prières à la T. S. Vierge, à saint Joseph, etc.) franco, la douz. : 0 fr. 15 ; le cent : 0 fr. 75.

À la même adresse, on trouvera un assortiment de feuilles de propagande, d'images, de médailles, de statuettes de Notre-Dame des Trois *Ave Maria*, pour enfants et grandes personnes. — Demander le Catalogue.

Blois, imprimerie C. Migault et Cᵉ

www.ingramcontent.com/pod-product-compliance
Lightning Source LLC
Chambersburg PA
CBHW072025290326
41934CB00011BA/2876